Gedanken, los!

7. Auflage

Impressum

Bibliografische Information der Deutschen Nationalbibliothek: Die Deutsche Nationalbibliothek verzeichnet diese Publikation in der Deutschen Nationalbibliografie; detaillierte bibliografische Daten sind im Internet über http://dnb.de abrufbar.

© 2023 Raymond Hamm

Herstellung und Verlag:

BoD – Books on Demand, Norderstedt

ISBN: 9 783750 427785

Warum kann ich nicht mein Bestes geben, ohne besser als andere sein zu wollen? Ich messe nicht.

Es wird Zeit, dass ich mich den Taten zuwende, denn je mehr Worte ich finde, desto mehr Worte verliere ich.

Das Leid der vielen Ehefrauen von den 50er und 60er-Jahren, ist heute das Leid der vielen Singles.

Niemand hat meine Lieder mit mir gesungen. Niemand kannte die Melodie. Aber ich habe mich nie aus dem Rhythmus bringen lassen und so beginnen manche darauf zu tanzen.

Habe ich viel Zeit, aber kein Geld, kann ich all die Dinge tun, für die ich kein Geld brauche. Habe ich viel Geld aber keine Zeit, kann ich all die Dinge nicht tun, die ich gerne tun möchte. (Alles hat seine Zeit!)

Erst seitdem ich vorausgehe, folgen mir die Menschen.

Vor einigen Jahren wollte ich die Welt verändern. Oder mich. Es ist mir gelungen!

Künstliche Intelligenz ist dumm, denn sie ist nicht echt. Sie macht genau das, was man von ihr erwartet und was man ihr sagt. Dabei ist es oft intelligent, gerade dies nicht zu tun.

Wenn ich zu Beginn geahnt hätte, wie viel man beim Philosophieren denken muss, dann hätte ich die Finger davongelassen.

Gefühle können die verheerendsten Kriege
auslösen.

Ich habe Dich in mein Herz geschlossen und
Dir den Schlüssel dazu gegeben. Aber wenn
Du nicht auf ihn acht gibst, hast Du keinen
Zugang mehr.

So schwer sich ein Pferd und eine Ziege
verstehen, so schwer verstehe ich manche
Menschen.

Ich habe in Deinen Augen gesehen, was mein
Herz schon gewusst.

Der übermäßige Gebrauch eines Spruches,
nutzt dessen Glanz ab.

Das Herz redet und der Verstand schreibt.

Der Körper kann erst gesunden, wenn der Stachel aus der Seele gezogen.

Erst als ich den letzten Buchstaben hinzugefügt hatte, war der Satz komplett. Nur der Punkt hatte noch gefehlt. Gespannt starrten sie auf die Wörter und jeden einzelnen Buchstaben saugten sie in sich auf. Und als sie den ganzen Satz gelesen hatten, waren sie wie geschlagen.

Als ich aufhörte zu weinen, habe ich angefangen zu reden. Und als ich aufgehört habe zu reden, habe ich angefangen zu schreiben. Aber erst wenn ich das letzte Wort geschrieben habe, sind meine Tränen getrocknet.

Wenn die Dummen weniger reden würden, dann hätten die anderen mehr Zeit den Intelligenten zuzuhören.

Die richtige Zusammenstellung der Worte erspart viel Redezeit, die man dann besser mit Zuhören verbringen könnte.

Wer nur die lauten Töne hört und wer nur den Glitzer sieht, der hört auch auf Schreihälse und lässt sich blenden. Seine Wahrnehmungsfähigkeit ist so eingeschränkt, dass er nicht einmal die eigenen Zweifel an der Richtigkeit seines Handelns und Denkens bemerkt.

Die Ruhe und das Glück haben geheiratet.
Jetzt sind sie zufrieden.

Glücklich fühlt man sich, wenn man auf dem
Gipfel des Berges angekommen ist. Aber die
Ruhe findet man erst dann, wenn man die
tiefsten Täler durchschritten hat.

Immer wenn die Probleme am größten sind,
meide ich den Alkohol, wie der Teufel das
Weihwasser, denn gerade dann braucht man
einen klaren Verstand.

Meine Ansprüche waren immer ganz oben angesiedelt. Immer habe ich versucht nach dem Alleobersten zu greifen. Hat es mich doch gelehrt, wie klein ich bin.

Unser Leben ist wie ein Pendel. Die unglaublich kurze Zeitspanne, in der es jedes Mal ausgeglichen ist, ist der Himmel.

Die Erinnerung an unsere Jugend ist zugleich der Wunsch das Leben neu zu beginnen.

Erst wenn ich in mir selbst zuhause bin, kann ich alle Türen schließen.

Noch hoffe ich. Noch träume ich. Noch plane ich. Noch lache ich. Noch weiß ich nicht!

Das ist also das Glück! Das Glück, auf das ich so viele Jahre gewartet hatte. Aber warum nur die Angst? Die Angst, dass es bald wieder vorbei sein könnte.

Es ist auffällig, mit welcher Häufigkeit das Fernsehen unsere niedrigsten Instinkte anspricht: Gewalt, Schaudern, Angst, Kriminalität, Gruseln, Grausamkeit und Sensationen scheinen der Renner zu sein. Im Hintergrund untermalt mit schauderhafter Musik/Tönen. Ist nur dies noch in der Lage unsere Aufmerksamkeit zu erregen? Abscheulich!

Mein Ziel: den Weg nicht zu verlieren.

Warum, um Gottes Willen, sucht man im Gehirn den genauen Sitz des ICHs und wo es zustande kommt? Will man es dann dort untersuchen und die Bestandteile katalogisieren? Selbst der einfachste Mensch versteht seine volle Tragweite: Wir bezeichnen denjenigen als ICH, der als Erste(r) Kenntnis von „unseren" Gedanken hat. Das ICH ist der Erzeuger von Gedanken, die nicht von anderen stammen. Das ICH ist der Sitz der intensivsten Wahrnehmung.

Ein gehörloser Mann, der irgendwann das Augenlicht verloren hat, wird durch einen Unfall vollständig gelähmt. Ich wünsche mir das nicht.

Auch die Sichtweise des anderen ist wichtig für mich. Schaue ich doch in seine Augen und höre ich seine Stimme.

Nur wenn ich mich auf eine höhere Stufe begebe, erhalte ich einen Überblick.

Bewusstsein ist das Resultat von Reflexion.
Zum Beispiel in Form von Gedanken oder
Gefühlen. Als Folge von Reflexion erhalten
wir u. a. Interpretation.

Bevor es mein Verstand begriffen hat, hat es
mein Herz schon gefühlt.

Manche Bücher um mich herum sind (noch)
ungelesen. Aber ihr Geist ist dennoch
Inspiration.

Suchte man die Ruhe im tiefen Wald oder in der Einöde, sie würde einem vielleicht entgegen schreien.

Die Suche nach der Ruhe ist zwecklos! Denn solange man auf der Suche ist, findet man sie nicht. Nur wenn man weiß, wo man sie findet, erlangt man sie.

Verlöre ich entweder meinen ganzen Besitz oder die Zufriedenheit – was machte mich ärmer?

Die Empfindsamen kämpfen immer an zwei
Fronten: an der äußeren und an der inneren.

Wie könnte ich wachsen, veränderte ich mich
nicht?

Ich ruhe **in** mir. Würde ich die „Fassung"
verlieren, so wäre ich „**außer** mir".

Der Klotz hat mich nicht in die Tiefe gezogen.
Ich habe ihn losgelassen.

Wer Gewalt gebraucht, bei dem hat die
Intelligenz nicht ausgereicht.

Ich habe nicht vor demjenigen Respekt, der
sich sein Recht nimmt, sondern vor dem, dem
Recht gebührt.

Aus alten Zeiten habe ich zuhause eine 24-bändige Brockhaus Enzyklopädie. Das Einzige jedoch, das ich wissen muss ist, wie ich mit meinen Mitmenschen umgehe.

Um den größtmöglichen Nutzen aus der Achtsamkeit zu ziehen, sollte man sie nicht auf den Wind, die Wolken oder den eigenen Gang richten, sondern auf seine Gefühle und Empfindungen und den eigenen Umgang mit den Mitmenschen.

Wenn ich in die große, weite Welt hinauswill, dann brauche ich keine Flugzeuge, Schiffe oder endlos lange, staubige Straßen, die durch Gebirgsketten führen. Dann genügt ein Gegenüber, das sein Herz öffnet. Die Welt, die sich mir eröffnet, mündet in ein ganzes Universum.

Warum ist das Herz rot? Weil es oft blutet!

Schön ist es, mit einem Luxusdampfer am Zielhafen anzukommen. Aber ich ziehe eine Nussschale vor, sollte mich nur diese zum Zielhafen bringen.

Das ICH ist mein ständiger Begleiter. Und an diesen stelle ich hohe Ansprüche!

Das „ICH" ist wie ein Acker. Wird zum Beispiel durch den Wind Same auf den Ackerboden getragen, entsteht letzten Endes ein Feld, von dem (andere) Menschen ernten können. Manche Äcker ergeben einen kargen Ertrag; von anderen wird die Welt ernährt. (Wobei der Samen die Lebenserfahrung darstellt und der Ackerboden, die bei Geburt vorgefundenen Wesenszüge (neuronale und genetische Strukturen).)

Die ständige Werbung der beiden Geschlechter umeinander ist der Versuch, die eigene Situation zu verbessern. Seelisch, sexuell oder sogar finanziell.

Mein Glück und Wohlbefinden ist wie das Wasser in dunklen, schweren Wolken. Ist der strahlend blaue Sommerhimmel einmal bedeckt, regnet es auf mich herab.

Das Zweite, an das ich denke, wenn ich eine sehr schöne Frau sehe, sind die Gedichte, die ich noch nicht geschrieben habe.

Der gewinnt, der die Massen führen und verführen kann. Bilder und dauernde Wiederholungen genügen.

Ich gleiche eher einem kleinen Licht, das die Umgebung nur erahnen lässt, als einem Flutlicht, das alles in Detail beleuchtet. Aber auch wer Ahnung hat, ist manchmal gescheiter , als ein Geblendeter.

Siegen und besiegen scheint das Motto dieser Welt. Nirgends so augenfällig, wie im Sport. Schwächlinge und Verlierer – die Rücksicht zeigen, auf Vorteile verzichten und nicht zu den Ersten zählen wollen. (Dennoch gibt es viel Wohltätiges.)

Die Extrovertierten, nach Außen gerichteten scheinen überlegen. Aber manchmal sind sie nur lauter!

„Dichter" wäre ein Kompliment. „Träumer" eine Beschimpfung. Und „Realist" die Tatsache.

Unsensible Menschen verstehen nicht.

Die Ruhe ist nur eine Illusion und ein schönes Wort. In ihr bin ich am produktivsten.

Das Lächeln eines Menschen kann Schmerzen lindern und Brücken bauen. Man muss aber auf das Gütesiegel achten! Nur wenn es von Herzen kommt, ist es echt.

Es gibt nur 1 Ort, wo ich all das finde, was mir wichtig ist und was mich bewegt. Und ich nehme ihn mit wo immer ich hingehe.

Nur durch Taten sind Worte zu ersetzen.

Nur die Authentizität bringt uns das echte und wahre Leben. Alles andere ist Schauspielerei und der Versuch zu sein, wie man nicht ist.

Wenn Du Deine Gedanken und Dein Herz verbirgst, ist es, als verleugnest Du Dich selbst.

Tauchte ich in Meeren und erklömme ich
Gipfel, wo fände ich die Ruhe?

Eine reibungslose Organisation des Haushalts
und gepflegte Vorgärten und gelungene
Kuchen sind wichtig und wünschenswert aber
glücklicher machen mich die Theorie, die
Fantasie und erfrischende Diskussionen.

Achtsamkeitsübungen! (in aller Munde!) Achtsamkeitsübungen? Gegen Stress? Wie soll man das denn bitte auch noch unterkriegen? Antwort: man werfe zunächst alles Über Bord und stelle alles in Frage. Diese kleine Übung dauert nur wenige Monate oder Jahre. Erst dann widme man sich nur den wichtigen Dingen im Leben. Die Achtsamkeit wird sich dadurch im Laufe der Jahre automatisch einstellen.   Keine Zeit so lange zu warten? Man beachte die Fülle von Unwichtigem, das wir mit uns herumschleppen und für das wir so viel zeit verschwenden. Partys, Fernseher, Attraktionen. Man weiß ja gar nicht, auf was man achten soll! (siehe auch das Gedicht: Der Pyramide Spitze)   Dann hat man Achtsamkeit erreicht, wenn es auf den ersten Blick scheinbar nichts gibt, auf das zu achten es sich lohnt, man aber doch mit Eindrücken beschäftigt ist.   Und der Stress? Ist der unaufschiebbare Zwang, sich in allergrößter Zeitknappheit, zwischen zwei gleich wichtigen Dingen, mit erheblichen Konsequenzen, entscheiden zu müssen!

Noch nie war der Zeitgeist für Gedichte so ungünstig wie jetzt und noch nie hätte er sie so gebraucht.

Ich schenke mir all die Aufmerksamkeit, die ich benötige!

Vieles, was ich wahrnehme, stößt bei mir auf Missbilligung. Und je schneller sich die Welt bewegt, desto langsamer gehe ich. (nicht unbedingt nur zeitbezogen)

Wie vergewaltigt und verzerrt man die Deutsche Sprache doch, indem man manche Wörter an den falschen Stellen inflationär verwendet. Klarheit, Logik und Verständnis gehen dabei verloren. Es ist, als verändere man dadurch die Bedeutung. Z.B.: „Held", „Schock", „Stress", „ausschließen", „historisch".

Ich finde mich immer wieder neu, und staune darüber, wie sehr ich mich im nächsten Moment schon wieder verändert habe. (Bekanntlich ist das Leben wie ein Fluss. Man steigt nie zweimal in dasselbe Wasser. Heraklit)

Wenn man jung ist, braucht man Erlebnisse,
um sie im Alter in Ruhe zu genießen.

In der größten Ruhe erlebe ich am meisten.

Auch das Empfinden ist ein Finden.

Die Zeit ist mein größter Lieferant. Sie liefert immer neue Ereignisse.

Der Verlust der Zeit ist der Verlust des Lebens.

Wie kann ich mein Leben oder mein Wohl in Händen von Menschen wünschen, die nie Zeit finden oder sich nie die Zeit nehmen, gründlich (über das Leben) nachzudenken?

Je mehr man weiß und je mehr Dinge im Bewusstsein sind, desto länger dauert die abschließende Urteilsfindung, denn die Dinge wollen alle vernetzt und bewertet werden. Daher auch der Spruch: Dumme sind schnell mit einer Ausrede fertig!

Ich habe nur mich selbst. Alles andere ist nur geliehen oder kann leicht verlorengehen.

Der Besuch eines Freundes ist wie das Auftragen einer heilenden Salbe.

Nur am Ziel findet man die Ruhe, die man zuvor rastlos gesucht.

Die Hektik begann erst, nachdem der Mensch die Zeit erfunden hatte. … und die Uhr zu ticken begann.

Die einzige Gewalt, die ich gutheiße ist die Wortgewalt!

Bereits in einer niedrigen Klassenstufe des Gymnasiums, klärte uns unser Lehrer über die Vorzüge der Demokratie auf: Wir könnten uns den ganzen Tag mitten auf die Straße stellen (sofern wir nicht den Verkehr behinderten) und laut schreien: „Weg mit Bundeskanzlerin..." oder „Weg mit Bundeskanzler...". Wir könnten dies bis 22 Uhr tun. Danach würden wir von der Polizei aufgefordert, wegen Störung der Nachtruhe, leiser zu sein.

Wenn es in einer Ehe keine Zerreißprobe und nicht schwierigste Situationen gäbe, wie könnten wir dann von Liebe reden?

Ich hasse nicht denjenigen, der mir einmal Böses getan hat, sondern denjenigen, der mich aufwiegelt und mich in böser Absicht wieder und wieder daran erinnert, so dass keine Versöhnung und kein Friede eintreten kann.

Eine Zurückweisung ist wie ein verlorenes Investment, mit dem Unterschied, dass es mehr weh tut.

„Ich laufe außer Konkurrenz", denn ich nehme nie an Wettbewerben teil.

Ich habe versucht zu begründen, wie dumm der Konkurrenzgedanke ist und wie viel höherwertig die Zusammenarbeit einzustufen ist. Möglicher Zustand einer weiterentwickelten Zivilisationsstufe in 100 Millionen Jahren? Zum Schluss hat die Natur gesiegt. Man kann Äpfel wohl nicht mit Birnen vergleichen.

Die Erkenntnis hinkt den Ereignissen immer einen Schritt hinterher.

Das Gestern ist mindestens genauso wichtig, wie das Hier und Jetzt, denn aus dem Gestern lernen wir und das Gestern bewirkte, was wir heute sind.

Manchmal sage ich Dinge, die nur bis zu den Ohren vordringen, auf dem Weg zum Gehirn aber irgendwo steckenbleiben.

Erst wenn der Lärm verklungen, nehme ich
Töne wahr.

Die Liebe ist nicht wie ein schönes Bild. Sie
gleicht eher dem Nagel, der alles hält.

Die Liebe zu meiner Frau ist wie das
Olympische Feuer. Es soll erst erlöschen,
wenn die Spiele zu Ende.

Wir saßen zusammen und er begann von
seinen Problemen zu erzählen. Wie viel
dankbarer ich bin von ihnen zu hören, als von
Witzen!

„Survival of the fittest!" Überleben durch
Anpassung. Nicht anpassen, wo ich kann!

Wo sind die Ideen und Werte meiner Jugend?
Gerettet ins Alter, entdecke ich sie neu.
Geprüft durch das Leben, gebe ich ihnen recht.

Autorität, Angst, Duckmäusertum und Sprachlosigkeit gehen in einem zusammen. Unmenschlichkeit, Fantasielosigkeit und Starrheit unter anderem das Resultat. Wohl den Staaten und Unternehmen, die anders aufgebaut sind! Wohl der Kreativität!

Ich habe mein Glück in der Ferne gesucht, es aber zuhause gefunden.

Nichts wäre schmerzlicher, als an den Ort meiner Sehnsucht zu kommen, ohne sie – meine Frau.

Ist der Salat erst einmal gegessen, fragt keiner mehr, wer die Sauce gemacht hat.

Ist es nicht fatal auf Schönheit zu setzen, wenn die Kugel bei Güte stehenbleibt?

Inmitten einer Welt des Konsums und des Scheins, zählt unsere Seele doch am meisten.

Ist die Seele wie ein Nebel, wie ein Hauch,
den Gott uns bei der Geburt eingehaucht hat,
die nach oben entschwebt, wenn wir sterben?
Mir kommt sie vor wie Granit, in den
Ereignisse eingemeißelt würden.

Die Theorie ist gut und schön, aber sie hat dem
Menschen zu dienen und sei dem gesunden
Menschenverstand untergeordnet.

So, wie andere sich wünschen an einen
bestimmten Ort zu reisen, so wünsche ich mir,
gewisse Dinge zu schreiben.

Wichtiger noch, als das Wissen um die
Wahrheit, ist das Wissen um den Ursprung.
Denn um zum Ursprung zu gelangen, müssen
wir viele Wahrheiten erkennen.

Nicht schöne Blicke und lange gemeinsame
Urlaube sind Ausdruck der Liebe, sondern das
Ertragen von Leid und Entbehrung.

Nicht was wir sehen und erleben ist wichtig,
sondern, wie wir es verarbeiten und bewerten.
Aber vor allem, welche Schlüsse und
Konsequenzen wir daraus ziehen.

So sehr mir Smalltalk auch missfällt, so sehr stellt es doch oft einen Versuch dar, eine Brücke zu einem anderen Menschen zu bauen.

Jemand sagte zu mir, an mir sei ein Dichter verlorengegangen. Verlorengegangen?

Warum kann man einen negativen Eindruck von mir bekommen, wenn es doch immer positiv ist, wenn ich jemanden beeindrucke?

Wem die Seele der anderen egal ist, der nimmt auch keine Rücksicht auf die eigene Seele.

Wem es zu anstrengend ist zuzuhören, dem ist es erst recht zu anstrengend nachzudenken.

Ich gönne niemandem mehr Erfolg und Reichtum, als z.B. einem Musiker, der sein halbes oder fast ganzes Leben in Armut verbringt, von seinen Träumen und seiner Leidenschaft aber nicht ablässt.

Die Erfüllung ist ein Hohes Gut. Bei der Auswahl der Wünsche sei jedoch Vorsicht geboten.

Ich habe mir mit viel Geld Zeit erkauft, die ich in mein Leben investiere.

Die vielen Luxusgüter, die man erwirbt und nicht braucht, stellen einen Versuch dar etwas zu bekommen, was einem verwehrt wird.

Erst durch den Schmerz ist mir bewusst
geworden, dass ich lebe.

Vielleicht wird in 100 oder 200 Jahren
irgendwo einmal ein Gedicht oder Gedanke
von mir gedruckt. Darunter wird wohl stehen:
„Autor unbekannt". Bis zu meinem Tode
werde ich meinen Namen daruntersetzen; oft
kopiert, nie bezahlt!

Viele Ehefrauen haben durch ihr Wirken die
Leistung ihren Mannes erst möglich gemacht.
Und sei es nur die Zeit, die sie ihm geschenkt
haben, die oftmals nötig ist, sich einer Sache
zu widmen.

Wenn die Kraft der Gedanken nicht ausreicht, um tiefer zu blicken, muss man an der Oberfläche bleiben.

Wenn man „zur Ruhe gekommen" ist, hat man sein Werk verrichtet. Wobei nur die geistige Arbeit zur resultierenden Gelassenheit beiträgt.

Die Massen hören demjenigen zu, der am schnellsten, am lautesten und am meisten redet. Oder demjenigen, der Macht innehat. Deswegen ist die Welt so, wie sie ist.

Smalltalk ist für mich wie Heuchelei oder wie verbergen und vortäuschen.

Wer seine Gefühle und Gedanken nicht offenlegen kann, verbirgt etwas.

Die Intelligenten bauen auf. Die Dummen reißen ein.

Fühlen und denken ist für mich das gleiche.

Ein Träumer hat immer eine Option.

Wenn Menschen Dinge tun, mit denen sie kein Geld verdienen, ist der Gewinn meist am größten.

Am Ende zählt nicht das Geld, das man besitzt, sondern, wer bei Dir ist.

Wenn ich einen Skihang hinunterfahre, empfinde ich nicht mehr Freude, als wenn ich über einen lieben Menschen nachdenke. Der Schnee schmilzt – die Liebe bleibt.

Wenn der letzte Romantiker die letzte Kerze ausgeblasen und das letzte Gedicht gelesen hat, werden die Aktionäre Abermilliarden von Dollar in Gefühle investieren, um die Erde wieder bewohnbar zu machen.

Selig die Dummen, denn sie wissen nicht!

Wenn ich über all das nachgedacht habe, was mich bewegt und was ich je im Leben gehört und gesehen habe, dann setze ich mich nieder und schlage ein Buch auf. Um von anderen zu lernen. Und wenn ich dann am Ende meines Lebens beginne das Leben zu verstehen, muss ich Abschied nehmen, ohne gewirkt zu haben.

Wenn ich zuhause alleine auf der Couch liege, finde ich mich oft plötzlich auf einer Blumenwiese liegend wieder, über Krieg und Frieden nachdenkend. Bis mich meiner Frau ruft und ich den Müll hinuntertragen muss.

Wenn man jemanden in seiner Rede unterbricht, schwingt immer ein kleiner Hauch von Achtlosigkeit mit.

Menschen, die sich produzieren und nicht zuhören können, sind meine Gedanken nicht wert.

Mein wichtigstes Buch: Unsere kleine Stadt (Thornton Wilder). Zum Glück las ich es bereits mit ca. 19 Jahren.

Auf Werbeplakaten lachen die Menschen oft und sind fröhlich. Ich möchte auch solche Produkte kaufen.

Wenn ich zu viele Informationen und Eindrücke auf einmal verarbeiten muss, läuft meine Seele über und sie fallen mir vor die Füße.

Ich denke langsam. Dadurch entgeht mir nichts!

Die Liebe, so schön sie auch sein mag, kommt nicht immer fröhlich und unbeschwert daher. Manchmal ist sie sehr ernst.

Man sollte den Anderen immer als wichtig begreifen. Das bedeutet Respekt und Verständnis. Grundlage für Frieden.

Ich möchte in meinem Denken immer zum Ursprung kommen, denn von ihm geht alles aus.

Interessant ist es, wenn man mittendrin steckt. Erhellend ist es aber erst dann, wenn man die Sache von oben beleuchtet.

Facebook ist eine Party. Die Homepage ein Zwiegespräch.

Ist es nicht die Liebe, so ist es Verschränkung.

Zum Umgang mit Satzzeichen: hinter manche Aussagen würde ich gerne hinter das erste Ausrufezeichen noch ein zweites setzen. Aber wer den Sinn schon nach dem ersten Ausrufezeichen nicht verstanden hat, der hat ihn auch nach dem siebten nicht verstanden.

Dein Wort hat mich erschlagen und nur eine Geste kann mich wieder aufrichten.

Die Folter und böse Worte sind das Schlimmste, das man mir antun kann.

Dass Gottes Wege steinig und krumm sind, das habe ich wohl gewusst. Aber niemand hat mir gesagt, dass sie manchmal in der Wüste enden... und dann irgendwo weitergehen. Ich habe mich daher entschlossen, immer eine Flasche Wasser mit mir zu tragen.

Ich habe Meere überquert, Riffe umschifft und Berge überwunden, um zu Dir zu kommen und mit Dir zu reden. Aber die Kluft zwischen uns ist unüberwindbar.

Nicht nur der Augenblick ist wichtig, sondern auch das Gestern, denn heute denke ich darüber nach.

Die Liebe konnten sie nicht gewinnen. So wollten sie wenigstens den Hass.

Er hat sie geschlagen. Aber in Wirklichkeit galten seine Schläge nicht ihr, sondern den anderen; denen, die ihm all das zugefügt hatten.

Ich habe einen Radio, einen Fernseher, die Zeitung und das Internet. Aber was mich interessiert, sind meine eigenen Gedanken.

Läge ich in letzter Minute auf dem Sterbebett, was hätte ich mir gewünscht, im Leben gesagt, getan zu haben?

Es ist eine Hohe Kunst, zu siegen, ohne zu kämpfen.

Wie viel schöner der Geist, als der Körper.

Wir brauchen die Menschen, die die Welt
verbessern wollen, denn ohne sie, würde die
Welt schlechter.

Wenn Du an Gott glaubst, dann höre auf sein
Wort. Wenn Du nicht an Gott glaubst, dann
handle nach seinem Wort!

Meinem Arbeitgeber und meinen lieben
Kolleginnen und Kollegen sei Dank für all die
Hilfe, die ich in schwierigen Situationen von
ihnen erhalten habe. Fairness, Hilfsbereitschaft
und Respekt standen immer an oberster Stelle.

Mit jedem Gedanken, den wir daran
verschwenden nachzudenken, wie wir uns
produzieren sollen, geht uns ein Stück Einsicht
verloren wie wir wirklich sind.

In einer größeren Gruppe gibt es immer
wenige Dumme, die in ihrer Anzahl aber
ausreichen, um die Gruppe oder die ganze
Welt ins Unheil zu stürzen.

Ich habe keine Kraft für den Kampf. Ich
brauche sie für die Liebe.

Immer wenn ich abhebe, ist es meine Frau, die mich wieder herunterholt, denn sie ist es, die mit beiden Füßen auf der Erde steht.

Wenn ich in mich hineinschaue, schaue ich oft weit voraus!

Die Welt ist so groß und mein Kopf so klein. Wie kann ich sie nur versteh'n?

Ich kann mich zurückziehen, meine Gedanken
und Ideen für mich alleine behalten. Aber was
nur ist falsch und schlecht an ihnen?

Die Idee hat die Flasche verlassen und steht
nun im Raum.

Wie immer ich auch die Handlungen
beurteilen mag, mich interessieren die
Beweggründe.

Jeder Vision geht die Idee voraus.

Die Effizienz ist die erste Stufe der
Unmenschlichkeit!

Wir werden ohne Zähne geboren. Erst im
Laufe des Lebens bekommen wir Zähne, mit
denen man kräftig zubeißen kann.

Erst wenn wir zu große Sprünge machen, heben wir ab.

Selbst der Böse wünscht sich das Gute.

Zeit ist das Wertvollste, das wir haben. Läuft sie aus, wird es düster. Ich packe immer so wenig wie möglich in eine gewisse Zeitspanne. Auf diese Weise habe ich immer das Gefühl sehr viel Zeit zu haben, was ein sehr schönes Gefühl ist. Mit so viel Zeit zur

Verfügung, entdecke ich so viele Dinge, die ich ohne sie nicht entdeckt, bemerkt oder gesehen hätte. Die Dinge werden bewusst.

Ich diskutiere gerne; stundenlang. Aber für Smalltalk bin ich nicht zu haben.

Ich bin wie ein Schiedsrichter und schaue nur zu. Auch ich kenne die Regeln des Spiels. Die Pfeife jedoch hab' ich verloren.

Ich sitze im Café und lese Geschichten. Aus den Gesichtern der Menschen, die vorübergehen.

Du hast Deine Heimat für mich aufgegeben. Du kochst jeden Tag gesundes und gutes Essen für mich. Du flickst meine Socken und bügelst meine Hemden. Dafür schreibe ich Lieder für Dich und würde Dich bis ans Ende der Welt tragen.

Wie verletzlich und wertvoll muss unsere Seele sein, dass wir eine Mauer um sie bauen? Meinen Freunden jedoch habe ich einen Schlüssel für die Tür gegeben.

Du hast mich verzaubert, denn ich sehe
plötzlich alles nur noch rosarot.

Ich kann gegen die Ungerechtigkeit
ankämpfen. Gegen Verbrecher und den KGB.
Gegen CIA und wilde Löwen. Aber nicht
gegen die Tränen, wenn Du gehst.

Du bist der Fels. An Dir ist mein Schiff
zerschellt!

Wenn ich aus mir herausgehe, nehme ich zur Sicherheit mein Innerstes mit.

In meiner kleinen Kammer bin ich doch in aller Welt.

Es erscheint mir oft so, dass sich aus Antworten auf meine Fragen immer mehr und komplexere Fragen ergeben. Entweder bin ich zu dumm, um die Antworten zu verstehen oder die anderen sind zu dumm, um richtig zu antworten. Erwidere ich nichts, mache ich einen intelligenten Eindruck. Da ich jedoch geneigt bin immer mehr Fragen zu stellen, bin ich wohl dumm!

Wenn Dich meine Worte berühren, ist Dein Blick wie ein Kuss.

Leih mir das Wertvollste, das Du hast: Dein Ohr. Und ich schenke Dir das Wertvollste, das ich habe: meine Worte. Wenn sie verschmelzen, wird etwas Neues entsteh'n!

Nicht fähig zu leben, erbaue **ich** die Welt!

Nach Liebe mich dürstet - nach Dir ich mich verzehr.

Die Ruhe war vor Allem! Sie ist der Ursprung. Erst danach kam alles andere.

Mein Herz liegt in Ketten. Die Glieder messen 5 cm dick, aus Panzerstahl. Würde ich sie sprengen, ich käme darin um.

Wie viel süßer meine Träume, als die bittere Realität.

Du hast mich gefragt, ob ich gerne Weine mag. Ja! Aber ich mag nicht gerne weinen.

Mein Verstand hilft mir zu überleben und mein Gefühl hilft mir zu leben.

Ich kann Dir verzeihen, wenn Du mir Unrecht antust, aber nicht, wenn Du unrecht über mich redest.

Es sind nur Gedanken und Worte, und doch erfordern sie meine ganze Kraft, um sie hervorzubringen.

Der Verstand und die Intelligenz mögen das Herz immer ins Lächerliche ziehen können und die es gerne als sentimentale Gefühlsduselei verunglimpfen. Aber es ist das Herz, das einen am Leben erhält und für das man zu sterben bereit wäre.

Zum Leben brauche ich nicht viel. Etwas
Papier und ein Stift genügt.

Manchmal würde ich gerne einen Krimi
anschauen oder einen alten Western. Aber oft
sitze ich einfach nur da und höre Musik und
bin mit meinen eigenen Gedanken beschäftigt,
die so viel interessanter für mich sind.
Niemand wird darin umgebracht. Aber viele
geliebt und bewundert.

Auch für die dunklen und schweren Tage bin
ich dankbar, denn wie sonst wäre das Bild
komplett, betrachtete ich die Welt von der
Distanz.

In der Welt suche ich den Kampf. Zuhause den Frieden. Und in mir selbst die Ruhe.

Ich bin hinausgezogen in die weite Welt, um nach Reichtum, Glück und Liebe zu suchen. Erst als ich nach langer Zeit wieder zuhause war, hast Du mir all dies gebracht. Danke, meine liebe Frau!

Nicht immer mehr in immer kürzerer Zeit. Es könnte sonst auf den Magen schlagen. Man muss es schließlich erst verdauen.

Ich habe den schweren Panzer abgelegt, denn ich kann keine Feinde erkennen.

Als ich jung war brauchte ich niemanden. Ich ging hinaus in die große weite Welt und forderte alles und jeden heraus. Keine Tat war zu gewagt; von Angst keine Spur. Was hat das Leben nur gemacht? Jetzt bleibe ich nur zuhause, suche Schutz und Zuneigung und traue mich wenig. Ich kenne das Leben, denn ich kenne beide Seiten. Bin dankbar für alle Erfahrung, ob gut, ob schlecht. Von der Zukunft erwarte ich nicht viel. Was mehr dürfte ich erbitten? Danke Leben! Ach... noch etwas, Leben: Du konntest meine Fehler zwar nicht alle ausmerzen aber die, die noch übrig sind, hast Du mir gezeigt! Danke!

Nein, ich möchte nicht alles wissen. Aber ich möchte alles verstehen!

Nachdem ich heute einen Aphorismus erfunden hatte, erzählte ich ihn einer Frau. Sie verstand ihn sofort und empfand ihn für gut.

Wenn dieser Aphorismus nun, für beide von uns neu gewesen wäre, so hätte diese Frau den Aphorismus bei weitem schneller verstanden als ich. Es war aber ich, der ihn erfunden hatte. Und das ist auch der Grund, warum der Kapitän eines Schiffes langsamer ist, als der Erste Offizier. Der Erste Offizier hält zwar den Kurs, aber es ist der Kapitän, der ihn bestimmt und er ist es auch, der für das Erreichen des Zielhafens verantwortlich ist.

(Das ist keinesfalls eine Herabsetzung der Frauen, die uns in mancher Hinsicht überlegen sind.)

Die Träume der Vergangenheit liegen wieder in der Zukunft und meine geglaubte Zukunft ist Vergangenheit.

Wer sagt, dass Gefühle nichts Konkretes sind? Wenn eine Maschinenpistole auf Dich gerichtet ist, was ist dann konkreter? Die Maschinenpistole oder das Gefühl der Todesangst und der Angstschweiß?

Die Welt ist so, wie man sie betrachtet.

Der Himmel ist nicht oben und die Hölle ist nicht unten. Beides erfahren wir in Augenhöhe.

Warum sind die Augen rund? Damit wir nach Außen und Innen schauen.

Warum sind wir manchmal stachelig zu unserem Nächsten? Weil wir uns schützen, wie die Rose und die Brennnessel.

Gute Menschen haben weder Gewehre, Messer oder Keulen. Allein ihr Lächeln ist entwaffnend.

Obwohl man zum Lächeln weniger Muskeln benötigt, als zum Runzeln der Stirn, so bedeutet das für manche Menschen doch eine große Kraftanstrengung.

Wenn ich erst alle Autos habe, die ich mir wünsche, Häuser, und wenn ich nur von schönen Frauen umgeben bin, dann ist es vielleicht nur das Lächeln eines Fremden, das mich erfreut.

Musik zum Leben - Brot zum Überleben.

Ruhig und tief, statt flach und schnell!

Starke Bäume können brechen. Schwache Halme biegen sich.

Einklang und Harmonie sind wichtig; auch wenn man dazu über das Wetter reden muss.

Indem Du Dich selbst verbesserst, verbesserst Du die Welt.

Die Ruhe in mir kann nicht durch Lärm gestört werden oder durch hektisches Treiben um mich herum. Allein ein leiser Zweifel an einer sicher geglaubten Erkenntnis kann sie stören.

Oft begreife ich einfache Dinge nicht so schnell, wie andere, denn ich habe viel zu bedenken.

Viele allzu heftige Schläge am Boot unserer Person, lassen es auf dem großen Meer der Sorgen und Ängste untergehen.

Was immer wir an einem schönen Frühlingstag erleben mögen, verarbeiten tun wir es doch erst, wenn es dunkel geworden.

Das Leben ist nicht wie in einem feinen Hotel, wo bei einem Festbankett der Tischnachbar sorgfältig ausgesucht wurde. Es gleicht eher einem Imbiss, an dem Menschen hastig essen und gleich weitergehen.

Es ist nicht wichtig, was wir essen, sondern mit wem wir essen.

Was ist das mit der Zeit?Wenn wir jung sind und haben noch viele Jahre zu leben, haben wir keine. Wenn wir alt sind und müssen bald sterben, haben wir viel.

Ein Baby, so machtlos es auch scheinen mag, bestimmt doch, was wir zu tun haben.

Wenn man ganz unten ist, sieht man die, die ganz oben sind, aus einer anderen Perspektive.

Die Menschen sind frei. Doch wehe, sie werden zu Sklaven des Geldes.

Was für ein Auto der Treibstoff, ist für den Menschen die Liebe.

So Mancher sieht den Schmutz erst dann, wenn er sich waschen will.

Es gibt Menschen, die, wenn man sie anstrahlt,
die Augen verschließen.

Das Essen ist ein Hochgenuss, doch auch ein
Muss.

Nur Gott kann die Erdenkugel von allen Seiten
gleichzeitig sehen. Der Mensch muss sie
zuerst ausrollen und mindestens den gleichen
Abstand zu ihr haben.

Hass und Liebe sind stärker, als der Verstand. Sie erst versetzen die Erde in ihre Drehung!

Das Leid ist wie Schnee, der in einer dunklen Winternacht fällt. Am nächsten Morgen rutscht man darauf aus. Doch wenn dann die Sonne scheint, glitzert er in vielen Farben.

Vergleicht man den Menschen mit einem Computer, so ist der Erwachsene nur der Drucker. Er spuckt das aus, was zuvor eingegeben wurde.

So Mancher täte gut daran keinen Spiegel aufzuhängen; er würde sonst erschrecken.

Das Glück ist wie eine Roulettekugel. Es rollt leicht weiter.

Manche Leute regen sich über Rote Ampeln, langsam fahrende Fahrzeuge, lange Autoschlangen und geschlossene Schranken auf. Wären die Ampeln grün, die Fahrzeuge schnell, die Straßen leer und die Schranken geöffnet, sie würden sich wohl über die helle Sonne aufregen.

So manches Bankguthaben schläft ruhiger als sein Besitzer.

Manchmal ist die Erkenntnis wie ein zweischneidiges Schwert: erst sammelt man sich, um sie zu erlangen, und dann zerstreut man sich, um sie wieder loszuwerden.

Es gibt Männer, die glauben, dass die Schönheit einer Frau nicht tiefer geht als ihre Haut.

Die Liebe einer Frau zu ihrem Mann ist so
groß wie sein Herz.

Wir mögen groß und stolz sein. Nach einem
Geldstück auf dem Boden müssen wir uns
bücken.

Jede Frau wünscht sich einen Held zum
Manne. Seien seine Taten auch noch so gering.

Selbst kleinste und leichteste Geldscheine
übertreffen den Wert, der größten und
schwersten Münzen.

Mein Freund konnte das Glück der anderen nie
ertragen. Jetzt ist er selber glücklich.

Präsentiert wird das Gold im Schaufenster.
Doch schon im Dreck hat es seinen Wert.

Intelligenz ist eine gefährliche Waffe. Im falschen Kopf ist sie tödlich.

Selbst meine bessere Hälfte hat ihre Fehler.

Die Uhr, sie sollte nicht die Zeit anzeigen, die verflossen ist, sondern die Zeit, die noch übrig ist.

Ein Haus mit einem großen Dach schützt uns vor Unwettern draußen. Doch wer schützt uns vor der Kälte drinnen?

Zuviel von einer Sache ist nie gut. Die Wärme zum Beispiel. Sie sollte 37 Grad nicht übersteigen.

Unser Körper braucht Arme und Beine, um sich ausdrücken zu können. Unsere Seele, Worte.

Der Gewinn ist oft dann am größten, wenn
man auf Geld verzichtet!

Mit der Schlagzeile ist es wie mit der
Erfahrung. Es geht immer ein Ereignis voraus.

Die Leute kommen mit ihren Fragen und
Problemen zu uns und bitten um Hilfe. Ehe Du
ihnen antwortest, bedenke, die Lösung ihrer
Probleme liegt in ihnen.

Um ein Ziel zu erreichen, welches oft nur wenige Schritte von uns ist, müssen wir manchmal die ganze Welt durchwandern.

Es gibt zu viele Menschen, die alles wissen. Und noch mehr, die alles besser wissen.

Wissen - schafft!

Wenn man seine Fehler sieht, so sind sie auch schon fast nicht mehr.

Wir helfen anderen. Uns selbst aber können wir nicht helfen.

Was wir krankhaft festhalten, geht uns meist verloren.

Der größte Fehler, den man hat, ist der, den man nicht sieht.

Wir leben nicht von der Liebe, die wir bekommen, sondern von der Liebe, die wir geben.

Bevor Du andere verstehst, musst Du erst Dich selbst verstehen.

Unsere Gedanken verbergen wir aber unsere Seele liegt offen.

Es ist wie mit Leckereien - süß aber schlecht für die Zähne.

Unsere Seele ist wie ein Schatz unter Wasser. Mit der Zeit wächst sie zu.

Auch billiger Kitsch hat seinen Wert. Wir suchten ihn einst mit Liebe aus.

Nur durch den Anderen sind wir selbst

Wir brauchen die Widersprüche und Gegensätze, denn ohne das kalte Wasser und die heiße Sonne würde es in unserem Garten nicht regnen.

Ist für einen Menschen im Traum nicht alles wahr?

Weisen wir die Liebe unserer Mitmenschen zurück, so ist es, als würden wir unsere Wasservorräte in der Wüste ausschütten.

Den Anderen ist das Wertvollste, das wir haben.

Die Veränderung ist das einzig Konstante an mir.

Das Faszinierende an einem Computer ist, dass wir mit der kleinstmöglichen Kraftanstrengung die größtmögliche Wirkung erzielen können.

Ich ruhe in mir und bin ausgeglichen. Mein Arzt hat mir Aufregung verboten.

Die Lüge kann die Wahrheit niemals einholen,
denn ihre Beine sind zu kurz.

Die Lüge hat wenig Freude, denn keiner glaubt
ihr.

Ich habe ihn erreicht, den Garten in China, um
darin zu wandeln.

Mein Freund äußerte sich lobend über meine Dichtung. Und ich dachte, es sei Wahrheit.

Selbst wenn man Schlösser erobert, Macht errungen und Geld verdient, reich ist nur der, dem man Liebe geschenkt.

Die Sichtweise eines Blinden wirft einen anderen Blick auf die Welt. Sie kann Dir die Augen öffnen!

In meiner Jugend hatte ich keine Erfahrungen,
die meine Blicke trübten. Jetzt haben meine
trüben Blicke Erfahrung.

Auch ein Schlechtes Gewissen ist etwas Gutes.

Ein Gutes Gewissen ist ehrenhaft, doch
nützlicher ist ein schlechtes Gewissen.

Während Geduld den Frauen geschenkt wurde, muss sie von den Männern erkämpft werden.

Das Gefährliche ist immer das, was man **nicht** sieht.

Seit ich Nichts tue, habe ich noch nie so viel für mich getan!

Manchmal muss man sich erst erinnern, um zu vergessen.

Die Wichtigkeit einer Person erkennt man oft an der Geschwindigkeit, in der er reden muss.

Der Traum der Zukunft heißt in der Gegenwart Glück.

Auf einem Foto, selbst wenn es mit einer tausendstel Sekunde aufgenommen wurde, sieht man doch den Lauf der Zeit.

Das Glück ist immer und überall; aber manche Menschen scheinen diesen Ort nie rechtzeitig zu erreichen.

Erst die Bewertung macht den Schatz.

Um das Glück zu sehen, muss man die Augen öffnen.

Manche kapieren das Glück nicht, weil es nicht in ihren Kopf geht.

Die Gewalt beginnt schon da, wo man einem anderen verwehrt, sich kundzutun.

Der einzige Ort, an dem manche Menschen glücklich sein können, liegt in der Zukunft.

Die Stimme ist die Visitenkarte der Seele. Und das Schreiben ihr Testament.

Wenn man immer das sagt, was man denkt, dann spricht man nie nur zu Einem, sondern zu Vielen.

Alles, was die Männer tun, tun sie wegen der Frauen. Diese helfen ihnen dabei.

Spätestens, wenn es einem an den Kragen geht, sollte die Weste weiß sein.

In der Bibel steht, dass man seinen Reichtum teilen soll; deshalb möchten die Reichen, dass, wenn sie ihre Nase immerzu nur in Geld stecken, dann die Armen bald die Nase voll davon haben.

Bevor man die Verbindung zu einem Menschen kappt, sollte man erst prüfen, ob man sich auf der richtigen Seite befindet.

Meine Vorsicht und mein Schirm haben mich schon vor so manch böser Überraschung bewahrt.

Woher stammt der Begriff „Kunst"? Weil es eine Kunst ist all dies hervorzubringen.

Wir mögen Goldberge und Milliarden an
Euros, Dollar und Rubel besitzen - mehr Wert
sind wir aber nicht!

Solange wir uns nach einem anstrengenden
Arbeitstag dabei entspannen, im Fernsehen
explodierenden Autos und Flugzeugen und
schmerzverzerrten, blutüberströmten
Gesichtern zuzuschauen, so lange kümmert
uns auch der traurige Blick unseres Nachbarn
nicht!

Ein Gentleman zu sein bedeutet nicht, sich in
Oberflächlichkeiten zu ergehen. Sie sind eine
Demonstration der Wertschätzung, und
manchmal der Liebe.

Leid und Unglück sind nicht etwas , die das Glück verhindern, sondern manchmal die Voraussetzung dafür.

Andere werden wohl immer das größere Stück Kuchen bekommen. Sie werden auch immer vor mir zur Stelle sein. Aber Kuchen macht dick und wer weiß, was mich dort erwartet.

Fast muss ich mich bei meinen Freunden dafür entschuldigen, dass ich so oft über die Psyche rede, aber sie ist es, die mir am nächsten liegt und die mich glücklich macht.

Mangels Nachfrage verkaufe ich alle meine
Träume zum Sonderpreis. Lichtblicke und
Hoffnungen nochmals stark reduziert. Der
Erlös fließt in ein neues Tintenfass.

Natürlich kann ich die Welt verändern!
Genauer gesagt: den sieben milliardstel Teil
davon.

Es ist schnell etwas gesagt und schnell wieder
vergessen. Es dauert schon länger, etwas
aufzuschreiben, und noch länger, um es zu
veröffentlichen. Aber es dauert ewig, um es
wieder loszuwerden!

Ist es nicht seltsam? Um unsere Habseligkeiten zu schützen, bringen wir sie zu einer sicheren Bank. In unseren wertvollsten Momenten jedoch sind wir ungeschützt!

Wie weit muss man fliegen, um am weißen Strand und unter Palmen die Ruhe und das Glück zu finden? Wie weit! Und wie vergänglich!

Die Ruhe in mir, und, die die Zeit anhält, beschützt mich vor der Hektik und dem Lärm der Welt und macht es erst möglich, klare Gedanken zu fassen und tiefer zu schürfen, um so auf Adern des Glücks zu stoßen.

Was bleibt von all dem Stahl und Beton, den
wir für unser Denkmal zusammengetragen?
Nur die Angst vor dem Tode, die uns noch um
tausend Jahre überlebt.

Wenn das Gedröhne der Panzer verklungen,
brauchen wir die Musik, um alles wieder
aufzubauen.

Wenn wir im Zweifel sind... höre nicht auf die Worte; schaue in die Gesichter!

Wenn Du reich werden willst, darfst Du nicht nach dem Gelde trachten.

Wann hören wir auf unsere Zeit selbst zu verknappen, anstatt sie zu haben?

Ich bin „verrückt" geworden, weil ich mich „verstellt" hatte. (Man sei sich selbst! Oder: Eine Sache von einem Ort an einen anderen Ort verrücken oder verstellen.)

Die schwere Last, die ich seit meiner Kindheit auf meinen Schultern getragen hatte, habe ich abgeworfen. Es waren die Steine, die ich mir selbst in den Weg legte. Aber erst, wenn ich den letzten Stein weggeräumt habe, ist die Last von mir genommen.

Die dicke Kette, die unsere Herzen umschließt, war einst das Gold, das Du um meinen Finger gestülpt. Hat sie auch an Glanz verloren, so ist sie dafür undurchtrennbar.

Ich hatte nicht an Gott geglaubt. Bis ich seine Spuren sah.

Wenn man für die Anerkennung Geld annimmt, wird sie zum Geschäft.

Was man beigetragen hat, ist oft wichtiger, als was man erreicht hat.

Andere mögen intelligenter sein als ich, reicher sein als ich, fähiger sein als ich. Wenn sie nur empfinden könnten, so wie ich!

Was man beim Empfinden gespürt, hat man beim Ahnen gewusst.

„Leben heißt Aggression!" hat mir einmal eine Psychologin gesagt. (Ausgelöst durch Hunger. Nach Milch und Waren.)

Liebe ist vielfältig und wandelbar. Sie kann auch in einem Geldschein stecken. Sofern er den Besitzer wechselt.

Über jemandem zu stehen bedeutet oft auch, näher an den Früchten zu sein.

Wenn man mir sagt, was ich zu tun habe,geht mir für diesen Moment die Kreativität verloren.

Die Einsicht und die Scham gehen oft Hand in Hand.

In dem Moment, in dem ich nicht spreche, habe ich die Gelegenheit nachzudenken. Und in dem Moment, in dem ich langsam spreche, habe ich die Gelegenheit noch Korrekturen anzubringen.

Kreativität ist eine bequeme Sache. Man hat immer jemanden, mit dem man sich unterhalten kann. Auch wenn man alleine ist.

Wenn man durch Umstellung und Austausch von Wörtern an Grenzen stößt, nehme man Töne hinzu, um so mithilfe von Liedern in die Herzen zu gelangen.

Hätte ich alles – was begehrte ich? Wüsste ich alles – was interessierte mich? Liebten mich alle – was wünschte ich? Könnte ich alles – was täte ich? Wäre so alles – was weinte ich!

Je größer die Fassade, desto mehr kann sich dahinter verbergen.

Beschäftige ich mich auch ab und zu mit der Vergangenheit und mit der Zukunft, so ist daran doch nichts Verwerfliches zu finden. Die daraus resultierenden Gedanken und Emotionen erlebe ich doch in der Gegenwart und sind oft von hohem Nutzen. Menschen, die nichts von ihrer Vergangenheit lernen können, haben entweder nie Fehler gemacht oder können in der Gegenwart nicht über die Vergangenheit reflektieren.

Wie groß war das Glück, als nach langen Mühen mein Wunsch in Erfüllung ging. Wie viel hat es mich gekostet! Wie viel länger und größer jedoch war die Ruhe, die ich genoss, als ich keine Wünsche hatte.

Wenn nach langen Versenkungen dann die Gedanken untergehen, bleibt nur noch eine vage, einzelne Emotion.

Wer mit Herzen spielt, hat noch keines verloren.

Es scheint paradox: Je größer die Distanz, desto näher bin ich dran!

Manche fühlen sich erst in der Fremde zuhause.

Der Sinn des Lebens ist, die Geschichte
fortzuschreiben.

Was ist der Unterschied zwischen einem
großen Herz und einem vergrößerten Herzen?
Antwort: das große Herz sieht man mit bloßem
Auge und das vergrößerte Herz, im
Ultraschall.

Einen Schein wahren zu müssen bedeutet, sich
mit Dunkelheit zu umgeben.

Fehler, für die man erst im Alter büßt, werden meist härter bestraft.

Reibe ich mich auch an anderen Meinungen, so ermöglicht erst die dadurch freigesetzte Energie einen Sinneswandel, der manchmal für ein Fortkommen unerlässlich ist. Nicht die gleiche Meinung ist achtenswert, sondern die andere.

Dem jungen Menschen sei vieles verziehen. Er ist noch im Lernen.

Ich bin eher ein Könner, nicht ein Macher.
Vieles mache ich nicht, weil ich es nicht kann.
Nur das, was ich kann, mache ich. Was oft der
Faulheit zugute kommt.

Mit der Zeit kommt das Wissen, die
Erfahrung, die Reife. Sie sorgt für
Entwicklung, Verständnis und das Verzeihen.
Sie wird uns töten!

Gäbe es die Ruhe nicht, ich hätte viel zu tun!

Dichten ist die Untersuchung der Welt.

Bevor man beabsichtigt, etwas Kostbares oder etwas sehr Teures käuflich zu erwerben, sollte man zuvor prüfen, ob man dadurch nicht etwas noch Kostbareres verliert.

Ich kann die Welt nicht verbessern. Ich kann höchstens dazu beitragen, dass mein Tun auf der positiven Seite der Welt verbucht wird.

Wenn ich meinen Mund aufmache, dann nicht, um meine Zähne zu zeigen, sondern, um Worte der Liebe zu sprechen.

Zeigen ist meine vornehmste Aufgabe. Die Wahl hat der Betrachter.

Zeit zu haben, klingt manchmal wie eine Geringschätzung und wie ein Vorwurf in Einem. Dabei ist sie mit Geld nicht aufzuwiegen.

„Nichts" täte ich lieber!

Das letzte Wort zu haben bedeutet, eine ungeheure Verantwortung zu haben, denn es kann danach nichts mehr gesagt werden!

Wenn jeder im Mittelpunkt der Welt steht, sollte man jedem mit besonderer Achtung begegnen.

Ein Wort kann man wohl verbieten, aber andere Buchstaben werden an seine Stelle treten!

Nicht jeder, der Kraft hat, ist auch stark.

Das Geld ist wie die Schale, die ich zur Aufbewahrung des Wassers brauche.

Erst meine Schwäche hat mir zur Stärke
verholfen.

Keine Speise so süß, kein Stein so hart, kein
Hauch so flüchtig, wie das Wort!

Andere Menschen und andere Universen –
Beides ist das Gleiche.

Meine Gedanken schöpfe ich aus meiner
Seele. Schöpfte ich sie aus der ganzen Welt –
es wäre nicht genug!

Wenn sich mein Verstand mit meinen Gefühlen
verschmelzt, ist es wie die Spaltung eines
Atoms!

Hinter der Schönheit eines Spruches steht der
Gedanke. Aber sie kann durch ein einzelnes,
ungeschicktes Wort zunichte gemacht werden.

Dichten ist für mich wie träumen. Beides mache ich im Schlaf.

Wenn mir alle Türen verschlossen sind, stünde ich vielleicht im Regen. Bleiben mir aber die Herzen verschlossen, erfriere ich.

Nähme ich nur die Hälfte wahr und verspürte ich nur die Hälfte – ich sähe dennoch alles.

Ich habe **mich** gefragt, auf wen ich mich noch verlassen kann. **Ich** habe geantwortet: „Auf **Dich**!"

Betrachte ich mich aus der Ferne, so bin ich mir nah. Nehme ich mich aber unter die Lupe, so bin ich auf Distanz zu mir.

Die Seele, das Geld und die Macht – nur wer weit vorausblickt, kann jetzt schon sagen, ob er den richtigen Weg eingeschlagen hat. Und wer dann auch den Blick nach Innen richtet, sieht das Ziel.

Wer nie daran zweifelt, dass er auf dem richtigen Weg ist, war schon oft am Ziel.

Erst die Kraft, die ich über meine Gedanken habe, ermöglicht es, diese zu lenken. Sie muss sich durch Übungen des Denkens stärken. Gemäß des englischen Schriftstellers Charles Reade, werden aus meinen Gedanken meine Worte, aus meinen Worten meine Handlungen, aus meinen Handlungen meine Gewohnheiten, aus meinen Gewohnheiten mein Charakter und aus meinem Charakter mein Schicksal. Zitat Ende.   Ist das Schicksal also lenkbar? Gott gebe mir die Kraft!

Gehen zwei Kontrahenten nur zur Hälfte aufeinander zu, so ist der Weg doch ganz beschritten.

Das Bewusstsein eines intelligenten Menschen ist wie ein Gasballon. Je mehr psychische Erlebnisse er aufweist, desto mehr dehnt sich der Ballon aus. Ist schließlich genug Gas in dem Ballon, steigt er in ungeahnte Höhen, von wo aus man einen guten Überblick über die Erde und dessen Geschehen hat.

Ein guter Arzt sieht den ganzen Menschen, denn wenn der Körper Sorgen hat, ist es die Seele, die schmerzt.

Das Gold und die Macht, das wir im Kampf erlangen, bezahlen wir mit Ruhe und Frieden.

Friede herrscht nur vor und nach dem Kampf!

Mit der Revolution verändert man das Land.
Mit dem Wort die Welt!

Ich bin wichtig! Schließlich stehe ich im
Mittelpunkt der Welt!

Um die größten Geheimnisse zu verbergen, hat sich die Natur die Seele ausgesucht.

Die Liebe ist so wertvoll, dass wir sie ertragen.

Man kann nichts entfliehen. Nur „Stand halten" bringt einen vorwärts.

Ich spielte mit den Wörtern und plötzlich ist es
ernst geworden.

Manchmal, wenn ich ganz still dasitze, bewegt
mich vieles.

Wenn Wort und Gesicht in einer Sprache
sprechen, dann hat die Seele ihren Ausdruck
gefunden.

Wenn man sich gegen den anderen durchsetzt, um oben zu bleiben, am Licht und in der Nähe der Früchte, so hat man dennoch nur sein Überleben gesichert.

Durchsetzen klingt wie zerbrechen. An den Scherben werden wir uns schneiden!

Die (genügende) Zeit ist die Quelle des Glücks, an der sich Denker und Philosophen laben.

Wenn wir unseren Körper überbewerten,
kommt die Seele zu kurz. Wir sind die Seele!

Der Körper ist ein Körper, mit dem die Seele
zurechtkommen muss.

Nichts ist so entlarvend, wie Tränen über
Schminke!

Die Intelligenz sagt uns, was wir schon wissen und die emotionale Intelligenz sagt uns, was wir noch nicht wissen.

Was wird aus welchem Grund berichtet? Was wird aus welchem Grund verschwiegen? Was wird immer wiederholt? Was wird wie kommentiert? Wer bestimmt all dies? Was sind dessen politischen, finanziellen, persönlichen Beweggründe? Fragen, Fragen, Fragen!

Die Seele ist tief in uns verankert, während das Geld oft locker in unserer Tasche sitzt..
Deshalb sorgen sich viele mehr um ihr Geld, als um ihre Seele.

Wenn man Kraft aufwendet kommt man voran.
Im Ruhezustand jedoch, ist die Kraft
gebündelt.

Nichts wiegt so schwer wie ein Gedanke. Und
doch kommt man mit ihm in ungeahnte
Höhen.

Wenn ein Starker einem Schwachen hilft, so
hat er mehr gewonnen, als wenn er ihn besiegt
hätte.

Jemand sagte zu mir, ich sei ein Blümchenmensch. Das stimmt! Und ich möchte in einem Garten stehen, inmitten von vielen anderen duftenden Blumen.

Die Energie, die wir im Kampf umwandeln, können wir nicht ein zweites Mal für Besseres verwenden.

Durch beste Leistungen oder Eigenschaften kommt man an die Spitze eines Unternehmens oder Staates. Oder durch schlechteste Eigenschaften!

Ich bin so wie alle anderen auch: anders!

Der Kampf ist das Mittel, ohne das wir untergehen.

Mehr noch, als die Taten, zählen für einen Menschen seine Hoffnungen, Sehnsüchte und Wünsche.

Die Jungen sind schneller, als die Alten. Und doch sind die Alten näher am Ziel.

Wenn man zugrunde legt, dass das Leben ein immerwährender Kampf ist, so versteht man, dass Friede oft nur durch Zwang entsteht und hin und wieder erkämpft werden muss.

Durch Lesen verstehe ich; durch Schreiben erlebe ich.

In meinen hellsten Momenten durchleuchte ich die Dunkelheit.

Manchmal ringe ich mit mir, um mich dem Kampf zu verweigern, nur um zu erkennen, dass ich schon mitten in ihm stecke.

Wenn ich Geld ausgebe, das ich nicht selbst verdient habe, fühle ich mich, als hielte ich unrechtmäßig Sklaven.

Gefühle, Gedanken, Gedichte gerade gerne gelesen.

Die enorme Energieübertragung einer verbalen Ansprache und die schriftliche Eleganz, seien jeweils weise gewählt. Die Energie der verbalen Ansprache geht oft zu Lasten der Eleganz und kann unerträglich sein.; ebenso jedoch bindungsfördernd. Die Schrift aber kann in Stein gemeißelt werden und für die Ewigkeit bestimmt sein. Am Anfang jedoch war das Wort und es sind Worte, die die Welt bewegen!

Die größte Hilfe liegt im Erkennen des Problems.

Erst die Meditation und die Achtsamkeit haben mir über den Umweg über die Vergangenheit mitten ins Leben und die Gegenwart verholfen. Vergebene Mühe? Die Achtsamkeit hat mir die Schätze gezeigt von denen ich umgeben bin und an denen ich in der Vergangenheit achtlos vorbeigegangen war. Die Achtsamkeit ist das Tor zum Bewusstsein und die Meditation sein Meister.

Je mehr Einsicht ich in meine Seele gewinne, desto demütiger werde ich, desto mehr erkenne ich die Natur des Menschen und meine eigene. Desto mehr verstehe ich, desto beharrlicher setze ich meinen Weg fort, das Ziel vor Augen, jenseits der Meere und Wüsten.

Zu gerne würde ich von Abenteuern, Geschichten, Dramen und Theatern lesen. Aber wie kann ich? Bin ich doch voll von ihnen.

Im Himmel gibt es keinen Kampf. Das ist der Grund, warum der Himmel Himmel genannt wird.

Die Größe eines Menschen erkennt man daran, wie klein er sich machen kann.

Da in unseren Schulen die Bildung des Kopfes immer Vorrang hat gegenüber der Bildung des Herzens, wird es immer der Ellenbogen sein, der Vorrang hat gegenüber der ausgestreckten Hand.

Jeder der mächtigsten Lenker und Führer von Staaten dieser Welt hat Angst vor dem anderen und schützt sein Volk mit den schrecklichsten Waffen. Wissen sie auch, dass sie selbst der Grund dieser Ängste sind?

Die Blase in der ich mich bewege und meine Träume dürfen nie zerplatzen, wäre ich denn sonst dieser Welt ausgesetzt.

Meine Gedanken speisen meinen Geist. Aufgesogen durch die Sonne, regnet er aus Wolken.

Manche Ärzte pressen Zeit und Zuwendung in
eine kleine Tablette und können auf diese
Weise kostengünstig viele Patienten bedienen.

Ich stehe aufrecht! Weder die Bürde konnte
mich krümmen, noch die Weite des Horizonts,
unter dem ich hindurchgeschlüpft bin.

Es gibt Menschen, sie sehnen sich so sehr nach
Ruhe – sei es gar der Tod, der sie ihnen bringt.

Manchmal bilde ich mir ein viel klüger zu sein, als die anderen, nur, um immer wieder mal die Überlegenheit von anderen anzuerkennen. Und dankbar, ihnen vertrauen zu können das Richtige zu tun, um unser aller Überleben zu sichern.

Wenn wir unseren Samen verstreuen, wachsen wilde Früchte.

Die Ehe: Der Ort von Kampfhandlungen und Friedensgesprächen. (Streit, auch Auseinandersetzung genannt, ist die energische Form der Klärung eines Sachverhalts.)

Den Besitzanspruch auf einen Menschen kann man weder mit dicken Ketten, noch mit hohen Mauern durchsetzen. Er entpuppt sich als Illusion und Eifersucht.

Der wertvollste Besitz ist eine Seele. Man kann sie nirgendwo kaufen. Sie kommt zugeflogen.

Wenn die Gefühle am stärksten sind, kann die Schrift noch vermitteln, während die Stimme versagt.

Jeder spricht eine andere Sprache. Es ist die Sprache, die er gelernt hat und die ihm beigebracht wurde. Aber jeder hat die gleiche Zunge!

Als Mitglied der Gemeinschaft bin ich durch mein Handeln verantwortlich und bin zur Rechenschaft verpflichtet.

Eine Pflicht ist ein höheres Gebot und ist höher zu bewerten, als das Vergnügen.

Die Brutalität und Aggression von einigen
Männern kann nur durch die Ein- und
Weitsicht von einigen Frauen unterbrochen
werden.

Ich nenne es Recht, wenn Justiz und
Gerechtigkeit in Einklang sind.

Das Wort, bei dem die Stimme mir versagt,
hab' ich laut auf dem Paper gesagt.

Potenziale, Möglichkeiten und Visionen des Zusammenlebens von Nationen werden oft durch fehlende Umsicht oder einfach nur durch das Ignorieren und die Geringschätzung von Gefühlen zunichte gemacht.

Dann ist man frei, wenn man selbst um alles Geld in der Welt nicht sein Leben ändern würde.

Die Liebe, die man denkt, ist die Liebe, die man hat.

Je mehr man von etwas überzeugt ist und je mehr man sich dafür einsetzt, desto schwerer fällt es bessere Vorschläge und Ansätze zu erkennen und zu akzeptieren.

Was die Eltern für das Kind sind, ist die Philosophie für den Erwachsenen.

Weisheit kann nicht erlesen werden; sie muss erlebt werden.

Manche Menschen sind wie Medizin und ihr
Porträt ist wie die Packungsbeilage.

Die Zeit, die wir nicht haben, ist die wichtigste
Zeit.

Bei sich zu sein ist für die einen eine Wohltat,
für die anderen eine Qual.

Gerechtigkeit ist so schwer zu erreichen, dass manche glauben, sie sei erst dann hergestellt, wenn allen die gleiche Ungerechtigkeit widerfährt.

Zum Schluss kommt es nur noch darauf an, wie man die Socken anziehen und die Treppen steigen kann.

Das Gute und das Edle, das so viele erfolgreiche Menschen im Gepäck hatten, als sie sich auf den Weg zum Gipfel gemacht haben und von dem sie zehrten, muss dort auch ausgepackt werden, damit es weithin sichtbar ist und allen zum Vorbild wird.

Die Geheimnisse, die man mir anvertraut, machen mich zu einem besonderen Menschen, denn ich wurde auserwählt.

Das, was mir bewusst wird und was ich durch Nachdenken erkenne, ist mir wichtiger, als zu wissen, wer der Mörder ist.

Wir lassen mehr zu, als das, was wir tun, weshalb es uns auch am meisten prägt.

Das Gehirn, und somit die Psyche, ist elastisch und passt sich an. Steckte man es zwischen die Blumen, so finge es an zu blühen.

Das Buch über mein Leben habe ich in einer anderen Sprache geschrieben. Sie ist fremd.

Einen Gegner kann ich mit Waffen zwar besiegen, aber nicht erobern.

Sind die Fußstapfen auch zu groß, so weisen sie doch die Richtung.

Was ich erlebe oder was mir widerfährt, das prägt mich. Was ich denke, auch!

Am Ziel anzukommen bedeutet, neue Wege zu beschreiten.

Die Frauen sind so wertvoll, dass sie sich nicht zu Männern machen sollten.

Wie billig die teuerste Tasche der Welt, das schnellste Auto und der größte Palast, als dass ich mich daran erfreuen könnte.

So, wie der Mond am Tag seine Ruhe hat und während der Nach den Liebenden den Weg weist, so suche auch ich am Tag die Ruhe und versuche des Nachts Wege aufzuweisen.

Der Wunsch und der Drang an die Spitze eines Gebildes zu kommen und es anzuführen, entspringen einer der einfachsten Strukturen, die im Menschen angelegt sind. Und die Methoden dort zu bleiben, entspringen nur zu oft den primitivsten Strukturen.

Je mehr Überblick ich gewinne, desto weiter entferne ich mich von den Dingen, um hin und wieder ganz entrückt zu sein.

Die einen sehen den Sinn des Lebens darin, Spaß zu haben, die anderen sehen den Sinn darin, einen Beitrag zu leisten. Man kann aber auch Spaß daran haben, einen Beitrag zu leisten!

Ein Leben ohne Werte ist nicht wertlos,
sondern gefährlich!

Man kann von Glück reden, dass sich die
Sterblichkeit nur auf den Körper und das ICH
bezieht. Die Unsterblichkeit ist etwas
Göttliches. Etwas, das wichtiger ist, als man
selbst. Etwas, zu dem man beitragen kann.
Solange man lebt. An seinem Himmel baue
man hier und jetzt.

Es gibt Gebote, an die man sich halten sollte.
Es sind Zehn an der Zahl.

Der Stärkere kann auf seinen Gegner zugehen,
denn er hat keine Angst.

Die Angst vor Gott ist unbegründet. Sagen die
Gottesfürchtigen.

Suchte ich in meiner Jugend die Wahrheit, so
versuche ich im Alter sie loszuwerden.

So, wie die Medizin manchmal bitter ist, so ist auch die Wahrheit manchmal bitter, denn die Wahrheit ist wie Medizin.

Es ist kein Kunststück einen Mr. Right zu lieben. Aber wenn Du einen Mr. Wrong lieben lernst, ist die Liebe umso größer.

Das Wort, das wir empfangen, fesselt uns. Das Wort hingegen, das wir aussprechen, befreit uns.

Keine Bindung hält länger, als eine Bindung
ohne Fesseln.

Die Schätze in einer Seele kann man durch das
Glitzern in den Augen sehen.

Schöne Augen machen, kann man nur mit dem
ganzen Gesicht.

Auch wenn wir immer alles leicht nehmen -
am Ende unseres Lebens tragen wir doch eine
große Last.

Einhergehend mit meinem Nachdenken,
entstehen immer die unterschiedlichsten
Gefühle. Sie sind es, die mich prägen und
weshalb es wichtig ist, was ich denke, denn die
Gefühle bestimmen mit über den weiteren
Verlauf der Gedanken, die wiederum
wegweisend sein können, denn zuvor
Gedachtes und Erkanntes, ist bereits mit
Gefühlen verknüpft. Offen sein für Kritik ist
deshalb so wichtig.

Die Freiheit ist für mich wie eine Rakete, und
die Liebe wie die Erdanziehungskraft. Wenn
sie zu weit von ihr entfernt ist, gerät sie ins
kalte Dunkel. Und die Gravitation, mit ihren
Kurven, wird sie nur ablenken, aber nicht
anziehen.

Die Liebe ist manchmal wie eine Goldkette.
So wertvoll sie auch sein mag, sie ist doch eine
Kette, die sich um den Hals legt.

Während Bindungen uns unserer Freiheit
berauben, knebeln uns gemachte Erfahrungen.

Anderen verzeihen, entspringt der Einsicht,
selbst nicht perfekt zu sein.

Empathie ist, wenn die Tränen meiner Frau an meiner Wange herunterkullern.

Nur wer sich auf eine höhere Stufe stellt, gewinnt einen Überblick.

Wenn man nach Worten ringt, ist jeder Satz ein Sieg.

Erst im Dunkeln können Sterne funkeln.

Ich bin gerne mit mir zusammen. Je länger ich mit mir rede, desto besser lerne ich mich kennen.

Geld ist neutral; und daher als Vermittler geeignet.

Eine Krankheit zu überwinden ist wie ein Abenteuer. Man hat einen Schatz gefunden oder ist mit dem Leben noch einmal davongekommen.

Wenn ich des Nachts aufwache und nicht mehr einschlafen kann, dann wache ich. Über das Leben, die Liebe, und die Freiheit.

Gefangen bin ich nicht in einer Zelle, sondern durch fehlende Weitsicht.

Dieselben Nachrichten können bei zwei Menschen zwei unterschiedliche Erkenntnisse hervorrufen. Die jeweils entstandene Wahrheit ist gefühlt und nicht in jeden Fall durch Tatsachen hinterlegt.

Manchmal ist die Wahrheit wie ein Gummiball, der auf dem festen Boden der Tatsache abprallt.

Das Bewusstsein erweitern bedeutet: die Grenzen verschieben, bis zu der man blicken kann. Und die Krankheit beginnt, wo man darüber hinaus schaut.

Eine Bewusstseinserweiterung ist ein Ausbau des Inneren und eines Beschneidung des Äußeren. Weniger Reize bewirken mehr. Weitere Verknüpfungsmöglichkeiten entstehen und potenzieren die Anzahl der Ausblicke.

Eine Bewusstseinserweiterung bedeutet bei gleichbleibender Umgebung eine Reizausweitung. Reizüberflutungen sind wahrscheinlicher.

Erst im Bewusstsein wissen wir. Es ist unsere Welt.

Gäbe es keine Freiheit, so sei die Gerechtigkeit
ihr Ersatz!

Ist die Selbstverwirklichung auch das Ziel der
Freiheit, so sei die Gerechtigkeit ihr Ideal.

Wuchert die Freiheit, so trimmen die Gesetze.

Uhren sind wie eine Mahnung.

Der Umfang des Bewusstseins wird bestimmt durch die Anzahl der Verschaltungen im Gehirn.

Eine Bewusstseinserweiterung und eine korrelierende Gedächtnisleistung spielen der Lernfähigkeit in die Hände und deuten auf eine verbesserte Intelligenzverwertung und vielleicht sogar Intelligenzsteigerung mit verfeinerten Ausdrucksmöglichkeiten hin.

Die Aufmerksamkeit verhält sich zur
Konzentration, wie die Achtsamkeit zum
Bewusstsein.

Ich habe das Glück gesehen. Fast hätte ich es
nicht erkannt.

Wenn ich dann die Frage mit mir ausdiskutiert
habe, frage ich mich, wer von uns beiden wohl
recht hat. Nicht immer bin ich es.

Mit sich selbst zu beschäftigen, ist die beste
Methode, um die Welt zu verändern. (Vom
Ursprung geht alles aus!)

Suchte man sich das falsche Ziel, so ist der
ganze Lauf vergebens.

Die Alten, von der Welt Befleckten, tragen
gegenüber den Jüngsten, den Reinen, eine
besondere Verantwortung. Nur die Sauberen
sollten in Verantwortung gelangen!

185

So manche Seele fröstelt, wenn sie nackt.

Was nützt ein schönes Haus, wenn es schwarz
gestrichen?

Ein Mal noch in meine Seele schau'n, bin
bereit dann, süßer Traum.

Während uns die Sehnsucht und die Fantasie in ungeahnte Höhen schrauben, können wir uns an Realität festhalten. Lassen wir sie los, dann schweben wir.

Unsere Sehnsüchte und unsere Wünsche sind wie der Lampenschein. Knipsen wir es aus, dann wird es dunkel. D'rum sei das Werk am Tag verrichtet.

Etliche Frauen können zum gemeinsamen Haushalt zwar kein Geld beitragen. Dafür aber tragen sie mit ihrem Wesen bei. Und das ist oft mehr wert.

Das Wichtigste in meinem Leben habe ich falsch gemacht, denn ich hatte keinen Lehrer. Das Leben hat mich eines Besseren belehrt, aber dennoch bin ich nicht ohne Fehler.

Das Übel dieser Welt rührt nicht von dem, was wir tun wollen, sondern von dem, was wir tun müssen.

Was von Oben kommt, wird über unseren Köpfen entschieden.

Und wenn ich dann zu Eis erstarrt, ist meine
Sehnsucht konserviert.

Die Sicherheit ist für mich das Wichtigste,
denn in meiner Seele ist mehr als Gold und
Silber.

Erst wenn man in der Seele schürft, stößt man
vielleicht auf Gold.

Je mehr Worte niederprasseln, desto größer wird der See. Aber es ist der Fisch, der unseren Hunger stillt.

Aus allen Wörtern zusammengenommen sind es nur drei, über die sich meine Frau am meisten freut.

Der Mensch denkt assoziativ. Der wahre Dichter findet genau das eine Wort, das sich am anderen Ende des Kopfes verbirgt.

Der direkte Weg zu meiner Seele ist nur über einen Umweg zu erreichen.

Wenn der Kampf zwischen Frau und Mann ist geboren, dann sind es die Kinder, die den Kampf verloren.

Das Bewusstsein ist das Fenster zum ICH und die Reflexion ein Gestaltungsmittel.

ICH bin! Aber erst durch die Reflexion sehe ich mich.

Nur was sich im Bewusstsein befindet kann reflektiert und beleuchtet werden und der Denkprozess der Reflexion hängt vom Umfang des Bewusstseins ab. Das Ergebnis ebenso.

Aggression: Elementarzeichen des Lebens!

Würde der Eine in mir nicht denken, so könnte der Andere in mir nicht reflektieren. Beide tauschen Meinungen und Ansichten aus; bis der Geist zu einem Urteil kommt. Aller guten Dinge sind Drei!

Wenn ich der Natur trotze, bedeutet dies, an ihr zu arbeiten und Entwicklungen einzuleiten.

Das Bestimmen und das Führen überlasse ich gerne des Geschäftigen. Das Denken jedoch und das Philosophieren gebe ich nicht aus der Hand.

Sind die Gedankenbilder erst einmal gemalt, entstehen die verschiedensten Collagen, die Eindrücke hinterlassen und Impulse weiterleiten.

Die Männlichkeit hat oft zum Ziele, Kämpfe zu gewinnen viele, während Frauen darauf hoffen, dass Wege sind noch offen.

Die Beschäftigung mit der Vergangenheit ist wie eine Handlung in der Gegenwart, die die Zukunft betrifft.

Das Karma ist der Vorbote des Schicksals.

Die Aura, die einen Menschen umgibt, ist die Welt, in der er lebt.

Wenn es um Geld- und Machterwerb geht, so war ich im Leben wohl erfolglos. Aber ich bin ein König – eine König ohne Reich.

Der Geist eines Menschen ist auf andere Menschen übertragbar. Die Erkennung und Verarbeitung des Geistes hängt jedoch von ähnlichen Bedingungen und Voraussetzungen, sowohl beim Sender, als auch beim Empfänger, ab. Übermittelt wird der Geist z. B. durch Wort, Schrift, Bild usw..

Die Aura eine Menschen macht seinen Geist fühlbar.

Allem voran ist es das Gefühl, das mir wichtig ist, denn daraus speist sich das Glück.

Wenn man richtig glücklich ist, kann man
eigentlich nur noch liegen.

Die effektivste Auskostung der Zeit ist, nichts
zu tun!

Die Zeit ist des Menschen kostbarstes Gut.
Man bedenke, wenn sie abgelaufen. Warum
haben in den reichsten Gesellschaften so viele
Menschen keine Zeit? Weil das Wort Reichtum
falsch besetzt ist.

Ist das Sinnliche auf Erden, so ist das Übersinnliche über allen Wolken.

Hemmung und Drang entspringen manchmal derselben Quelle: Der Erziehung.

Es ist die Begierde, die die Ruhe stört. Erst nach Erfüllung des Wunsches tritt wieder Ruhe ein. Wir erfüllen uns den Wunsch, damit wir wieder Ruhe haben. Der heimliche Wunsch ist die Ruhe. Alles strebt nach Ruhe.

Ein Wunsch wirkt auf die Ruhe ein, wie die Kraft auf einen Körper.

Die Ruhe ist mir allemal lieber, denn die Energie, die ich der Ruhe vorfinde, geht mir in der Bewegung verloren.

Mein Ziel, den eisigen Gipfel in dünner Luft, habe ich nicht erreicht. Ich schaffte es nur bis zur grünen Matte, voll duftender Blumen.

Jede Zeit klagt über die „heutige Hektik".
Heute ist immer und überall.

Die Entstehung eines Wunsches zieht oft viele
Jahre harter Arbeit und Entbehrung nach sich.
Je größer der Wunsch, desto größer die Ruhe,
die man sich nach dessen Erfüllung erhofft.